Olha para o céu
e conta as estrelas

Amedeo Cencini

Olha para o céu e conta as estrelas

O sonho da animação vocacional

Dados Internacionais de Catalogação na Publicação (CIP)
(Câmara Brasileira do Livro, SP, Brasil)

Cencini, Amedeo
  Olha para o céu e conta as estrelas : o sonho da animação vocacional
/ Amedeo Cencini ; [tradução Antonio Efro Feltrin]. – 2. ed. – São Paulo :
Paulinas, 2017. – (Coleção animadores de pastoral juvenil e vocacional)

  Título original: Guarda il cielo e conta le stelle : il sogno
dell'animazione vocazionale oggi
  ISBN 978-85-356-1440-4

1. Igreja – Trabalho com jovens 2. Vocação Religiosa I. Título. II. Série.

17-08036   CDD-248.894

Índice para catálogo sistemático:

1. Animação vocacional : Cristianismo   248.894

Título original da obra: *Guarda il cielo e conta le stelle:*
il sogno dell'animazione vocazionale oggi
© Paoline Editoriale Libri — Figlie di San Paolo, 2000.
Via Francesco Albani, 21 – 20149 Milano

Citações bíblicas: *Bíblia Sagrada* — Tradução da CNBB, 2ª ed., São Paulo, 2002.

Direção-geral:	*Flávia Reginatto*
Editora responsável:	*Noemi Dariva*
Tradução:	*Antonio Efro Feltrin*
Copidesque:	*Anoar Jarbas Provenzi*
Coordenação de revisão:	*Andréia Schweitzer*
Revisão:	*Leonilda Menossi e Patrizia Zagni*
Direção de arte:	*Irma Cipriani*
Gerente de produção:	*Felício Calegaro Neto*
Capa e editoração eletrônica:	*Cristina Nogueira da Silva*

2ª edição – 2017

*Nenhuma parte desta obra poderá ser reproduzida ou
transmitida por qualquer forma e/ou quaisquer meios
(eletrônico ou mecânico, incluindo fotocópia e gravação)
ou arquivada em qualquer sistema ou banco de dados sem
permissão escrita da Editora. Direitos reservados.*

Paulinas

Rua Dona Inácia Uchoa, 62
04110-020 – São Paulo – SP (Brasil)
Tel.: (11) 2125-3500
http://www.paulinas.org.br – editora@paulinas.com.br
Telemarketing e SAC: 0800-7010081

© Pia Sociedade Filhas de São Paulo – São Paulo, 2004

Premissa[1]

Encerrou-se inexoravelmente uma fase, na história da pastoral vocacional. Todavia, "quando se fecha uma porta, abre-se um portão", diz um provérbio popular italiano, onde "portão" está indicando a porta de uma grande casa ou de um lugar importante, como uma igreja, ou de um acontecimento particular, como poderia ser a porta santa do Jubileu do ano 2000.

Acreditamos que, de alguma forma, esse ditado popular, no qual se pode reconhecer uma sabedoria ou um otimismo das antigas origens cristãs, expresse também a passagem estratégica, sem dúvida, de uma época que a pastoral vocacional se apressa em fazer, ou pelo menos tem diante de si. Sobretudo no sentido da transição de uma animação vocacional em função de um ministério especial para uma animação vocacional a serviço de todas as vocações na Igreja, oferecida, portanto, a todos,

---

[1] O texto reproduz uma palestra feita pelo padre Cencini por ocasião do congresso de estudo "Novas vocações para um novo milênio", organizado pelo Centro Nacional para as Vocações e realizado em Roma de 3 a 5 de janeiro de 2000.

teoricamente a todo crente, e durante todas as fases da vida. Deve-se entender o que isso significa no plano da concepção e da prática de uma certa animação vocacional do passado e que já deveria pertencer à pré-história da animação vocacional, como foi corretamente afirmado no documento do Congresso europeu sobre as vocações, mais precisamente onde se fala de um necessário "salto de qualidade" da pastoral das vocações.[2]

Como imaginar hoje, no início do terceiro milênio, uma animação vocacional aberta ao futuro?

Precisaríamos do olhar e da intuição de um profeta para delinear essa imagem. Como não sou profeta,[3] peço aos verdadeiros profetas, aos nossos pais na fé, aos que falam em nome de Deus, o olhar profundo que nos permita ver além, aonde não chega o olho humano.

O trabalho está dividido em três partes, como três quadros bíblicos que reproduzem uma imagem particularmente significativa que permite ler a profecia da animação vocacional do terceiro milênio.

---

[2] Novas vocações para uma nova Europa (In verbo tuo...), Roma, 1998, 13c. (de agora em diante NVNE).

[3] Recentemente, a revista *Jesus* e o diário *Avvenire* perguntavam-se: "Não nascem mais profetas?", destacando, ao mesmo tempo, na cultura e na sensibilidade atuais uma notável "saudade dos profetas" (Cf. BERETTA, R, SOS, os "profetas" envelhecem. *Avvenire* [16 de dezembro de 1999], p. 18).

Abrão e as estrelas

Depois desses acontecimentos, o Senhor falou a Abrão numa visão, dizendo: "Não temas, Abrão! Eu sou teu escudo protetor; tua recompensa será muito grande". Abrão respondeu: "Senhor Deus, que me haverás de dar? Eu me vou sem filhos, e o herdeiro de minha casa é Eliezer de Damasco". E acrescentou: "Como não me deste descendência, um escravo nascido em minha casa será meu herdeiro". Então veio-lhe a palavra do Senhor: "Não será esse o teu herdeiro; um dos teus descendentes será o herdeiro". E, conduzindo-o para fora, disse-lhe: "Olha para o céu e conta as estrelas, se fores capaz!". E acrescentou: "Assim será tua descendência". Abrão teve fé no Senhor, que levou isso em conta de justiça (Gn 15,1-6).

Esta imagem bíblica tem um extraordinário poder evocativo para o crente que busca com esforço uma abertura ao futuro. Como nós agora: de alguma forma somos semelhantes ao nosso pai na fé, quando está sentado e desconsolado dentro de sua tenda pensando num passado rico de esperança, que não parece confirmado pelo presente e que torna incerto o futuro.

"Eu me vou sem filhos" (Gn 15,2)

Abrão, com 85 anos, talvez numa noite insone, lembra a promessa de um tempo em que se tornaria "uma grande nação" (cf. Gn 12,1-2), promessa na qual havia acreditado, pela qual se havia aventurado numa viagem difícil e que, de alguma forma, parecia no começo destinada a se realizar (o presente de uma esposa muito bonita, a fortuna de muitos bens, uma certa supremacia em relação aos povos vizinhos, a bênção de Melquisedec...). Agora, porém, Abrão tem pouca esperança, está começando a duvidar deste Deus:

> Faltou-lhe uma perspectiva futura. Ele, que pôde beneficiar-se de toda riqueza, material e espiritual, olha agora para o próprio futuro e vê-se diante da esterilidade de uma idade avançada; ou, na melhor das hipóteses, uma descendência futura que está na linha do patrão que se faz substituir pelo empregado (Abrão – Eliezer). Abrão não sabe encontrar perspectivas de novidade dentro dos seus parâmetros, os quais vêm da materialidade da própria experiência, sempre mais orientada para o passado e para o "até aqui consolidado". Abrão está correndo o risco de quem não sabe mais abrir espaço para novos critérios, para a novidade, espaço esse que não pode mais ser a simples reelaboração de estratégias pessoais ou institucionais já aplicadas. Dentro dos parâmetros da mulher,

do rebanho, do "poder" político ou religioso, embora com a grande bênção de Deus, Abrão não é mais capaz de encontrar alguma solução![4]

E aquelas palavras com as quais ele responde à enésima proposta divina de confiança (e essas não são as primeiras palavras que a narrativa bíblica põe na boca de Abrão!) têm um sabor fortemente amargo: "Senhor Deus, que me haverás de dar? Eu me vou sem filhos, e o herdeiro de minha casa é Eliezer de Damasco" (Gn 15,2).

Assim acontece também conosco quando olhamos com saudade para um certo passado que não existe mais, quando lembramos o entusiasmo dos dias do chamamento, os dias do nascimento ou da afirmação dos nossos carismas, individuais ou institucionais, ou os tempos, de alguma forma, das "vacas gordas" (mesmo que não os tenhamos vivido pessoalmente). Até aqui, porém, nada de mal. O problema aparece quando queremos competir com essas épocas passadas, quando colocamos na cabeça que devemos atingir forçosamente os mesmos níveis

---

[4] LIBERTI, V. Relazioni generazionali nella vita consacrata. Strategie di comunicazione e di governo da parte dei Superiori maggiori. In: XXXIX Assembléia geral da CISM (Cagliari, 8-12 de novembro de 1999), p. 7.

em termos de presença, de número, de força institucional..., e pensamos que devemos projetar uma pastoral vocacional que vise à quantidade e consiga igualar aquele passado glorioso. Isso acaba sendo frustrante e deprimente. É o círculo vicioso ou das *expectativas irreais*, das pretensões exageradas, que nos fazem errar o objetivo e as modalidades de intervenção, ou — de um outro ponto de vista — das *expectativas minimalistas*, que nos fazem restringir o objetivo da pastoral vocacional somente a algumas vocações; ou nos fazem oferecer o serviço somente para alguns, como se somente alguns fossem chamados; e, no final, ambas as expectativas não fazem outra coisa senão aumentar o sentimento do fracasso e a depressão geral.

"... Um dos teus descendentes..." (Gn 15,4)

> Então veio-lhe a palavra do Senhor: "Não será esse o teu herdeiro; um dos teus descendentes será o herdeiro" (Gn 15,4).

Deus entra, ou melhor, precipita-se nos profundos pensamentos de Abrão. Observemos que aqui não há diálogo verdadeiro; o texto hebraico não nos relata uma troca de palavras entre os dois interlocutores. Há como um corte, algo inesperado e inédito, de inconseqüente e assimétrico, entre o pessimismo do homem e o otimismo de Deus. O Senhor propõe a Abrão um novo caminho, uma nova confiança na antiga promessa do filho. Não há nenhum artifício ou troca de papéis, nenhuma confusão ou ficção jurídica, pois "um dos teus descendentes será o teu herdeiro".

Quão visceral é a fidelidade de Deus, assim também o será a "descendência" de Abrão. Por um lado, Deus reafirmou a sua fidelidade à palavra dada, por outro, reafirmou também a responsabilidade do homem no cumprimento da promessa, o seu envolvimento direto, a sua impossibilidade de delegar a outros, a proibição — por assim dizer — de qualquer técnica reprodutiva artificial.

A animação vocacional permanecerá sempre ação natural, genuína, não artificial, totalmente ligada ao cumprimento da promessa divina e, portanto, à ação do Pai, bem como totalmente gerida pelo homem, por uma paixão pelo Reino que torna *todo chamado também alguém que chama*, isto é, todo crente é pai e mãe de um outro crente. "Faz-se animação vocacional somente por *contágio*, por contato direto, porque o coração está cheio"; a verdadeira catequese vocacional faz-se "de pessoa para pessoa, de coração para coração"; é rica de humanidade e de originalidade, de paixão e força convincente, uma animação vocacional cheia de sabedoria e de experiência"; o seu canal de comunicação

> não é o didático ou o exortativo, nem mesmo o da amizade, de um lado, ou do diretor espiritual, do outro (entendido como quem imprime logo uma direção precisa à vida de um outro), mas é o canal da *confessio fidei*. [...] Justamente por isso o animador vocacional é também um entusiasta da vocação e da possibilidade de transmiti-la a outros; é testemunha não somente convicta, mas também contente e, portanto, convincente e digno de crédito.[5]

Enfim, o animador vocacional veraz é um cultivador direto: não confia a outros o campo que lhe foi confiado; trabalha-o com cuidado e sabedoria camponesa, atento a tudo, "do terreno à semente, daquilo que a faz crescer a tudo o que pode dificultar seu crescimento",[6] atendendo com paciência e tentando inúmeras vezes, com obstinação, semear, sem pretender colher noutro lugar (no exterior, por exemplo), onde a colheita parece mais fácil e exige esforço menor.

---

[5] NVNE, 34c.

[6] Idem, ibidem, 33d.

"Olha para o céu e conta as estrelas..." (Gn 15,5)

E conduzindo-o para fora... (Gn 15,5)

Abrão é levado "para fora" por aquele que lhe fala; não pode e não deve permanecer "dentro de sua tenda", dos seus pensamentos profundos e das suas previsões mesquinhas, chorando sobre o seu futuro, lamentando o próprio passado, no medo de que pode contar somente com as próprias forças. Deus o faz ir para *fora* da tenda, olhar e *contar as estrelas no céu:*

> Não é impossível aos oitenta e cinco anos estar em condições de elevar o olhar e dirigi-lo para o céu estrelado. A imagem deste homem, que numa noite do deserto tem a coragem de elevar os olhos para contemplar o céu, é a imagem que seria sentida com toda a sua carga de silêncio, de espanto, de maravilha. É a imagem da surpresa infantil ou do amor dos namorados que olham o céu sonhando com o próprio futuro de vida comum. Nessa imagem está presente também a provocadora contraposição entre quem tem o coração capaz de olhar para o alto e quem, ao invés, continua com o coração duro ("O meu povo é difícil de ser convertido: é chamado a olhar para o alto, mas ninguém levanta os olhos" — Os 11,7).[7]

---

[7] Liberti, *Relazioni...* cit., p. 8.

E é uma provocação forte para todos nós que temos o olhar "estrategicamente" um pouco voltado para baixo, esquecendo o projeto sempre grande que Deus continua a ter com respeito a nossa vida. Conforme uma certa cultura que tende a nivelar e redimensionar tudo, também o desígnio divino de salvação deveria sofrer alguma redução. E como estamos vivendo em tempos de redimensionamento também dentro da Igreja e dos institutos religiosos e ordens monásticas, corremos o risco de sofrer também nós os efeitos perigosos desta cultura e de sua antropologia, para a qual "Deus não está morto. Está vivo, mas está trabalhando num projeto menos ambicioso", como diz o solitário grafite anônimo que apareceu recentemente num muro. Não é mais a cultura violenta do "Deus está morto"; a tentativa, hoje mais sutil, é tornar inócuo ou mais à medida do homem atual o desígnio divino redentor, e aos poucos frustrá-lo, tirando da fé cristã toda, ou quase toda, sua força de impacto, bem como as projeções transcendentes, e empobrecendo, assim, o modelo de ser humano que está no centro desse desígnio, tirando-lhe, por exemplo, a dimensão vocacional.

É a cultura *antivocacional*, ou então é pastoral vocacional interpretada e levada avante por quem não sabe elevar o olhar, por crentes que nunca viram as estrelas ou que nunca aprenderam a contá-las; ou que ainda não compreenderam que o universo estelar, com a quantidade absolutamente incomensurável de estrelas que contém, é símbolo do caráter *popular e universal* da vocação cristã, dom concedido a *todos*, chamado dirigido a *cada um*, porque cada um é uma estrela no universo de Deus e deve, portanto, brilhar e ocupar o próprio lugar no seu desígnio cósmico e salvífico.

Entrando no novo milênio, a pastoral vocacional tem necessidade urgente de uma *espiritualidade da visão*. Em tempos como os nossos, em que as visões são raras (como nos tempos do profeta: cf. 1Sm 3,1) — substituídas como são pelas estatísticas, que nos querem perdedores, ou por realismos lamentosos e deprimentes — é necessário enfrentar o problema com um olhar iluminado pela fé, o qual olhe para o alto, apesar de tudo, exatamente para devolver à animação vocacional a sua natureza de serviço eclesial oferecido a todos para a descoberta do projeto de Deus sobre cada um; para libertar a pastoral vocacional de olhares mesquinhos e mercantilistas; para responsabilizar cada crente neste ministério, para não ter medo de semear em todo lugar a boa semente da vocação; para ter a coragem de enfrentar ambientes novos, "os poços de água viva" de que fala o nosso documento,[8] onde seja possível encontrar os jovens de hoje e a sua sede; para não ter medo de propor grandes ideais e as perspectivas de vida que só o amor do Pai pode pensar e predispor para o homem.

Também hoje, não é impossível elevar o olhar e contar as estrelas no céu. É indispensável, porém, fazê-lo para não nos fecharmos dentro de nossas tendas e imaginar coisas que não dão resultado e que somente alimentam "a patologia do cansaço e da resignação",[9] ou, ainda, o desespero e a inanição.

---

[8] NVNE, 34b.

[9] Idem, ibidem, 13c.

JESUS E AS MULTIDÕES

Abrão contou as estrelas no céu; Jesus, por sua "ergueu os olhos e viu uma grande multidão que vinha ao seu encontro" (Jo 6,5). Isso acontece em dois contextos: um especificamente vocacional (Mt 9,37) e o outro próprio do prodígio da multiplicação dos pães (Mt 14,14; Mc 6,34; Lc 9,11; Jo 6,5). Também essa imagem evangélica, em ambos os casos, presta-se a uma leitura vocacional, no plano dos valores de fundo e também da pedagogia que deles deriva.

O Evangelho da vocação como responsabilidade

Diante da multidão e por ela Jesus *se sente responsável*, exprimindo de várias formas a própria participação ativa nas suas vicissitudes, sente *compaixão* por ela, "porque estavam cansadas e abatidas como ovelhas que não têm pastor" (Mt 9,36 ; cf. Mc 6,34), e age coerentemente: Jesus pede imediatamente que dirijam o olhar para o *Pai, o dono da messe, o primeiro responsável*, aquele ao qual é confiado o problema (Mt 10). Depois, porém, Jesus *partilha logo esta responsabilidade com os seus discípulos*, envia-os e dá-lhes "poder" (= responsabilidade), confia neles e em sua liberdade (também na de Judas).

O mesmo acontece no outro contexto, em que ordena aos doze: "Vós mesmos, dai-lhes de comer" (Mc 6,37), e faz-lhes uma pergunta para pô-los à prova e envolvê-los logo no acontecimento (cf. Jo 6,6); depois, porém, pede a participação ativa deles, envolve-os expressamente em várias operações, sempre necessárias, torna-os não somente espectadores e desfrutadores, mas também protagonistas do prodígio.

Também em relação *à multidão*: embora sabendo, ou justamente porque sabia que o povo o seguia porque havia visto "os sinais que fazia sobre os doentes", para desfrutar, portanto, da situação e da sua pessoa, para saciar a fome física e receber dele salvação e alimento, Jesus adota o mesmo estilo de atribuir responsabilidades. Ele procura no meio da multidão quem tem alguma coisa, leva em consideração e dá valor, não joga fora porque é pouco, mas o "abençoa e multiplica". E, ainda, para que o povo avalie o que ele fez e para não dar a idéia de desperdício dos dons de Deus, que não devem ser esbanjados, faz recolher os pedaços que haviam sobrado "para que nada se perca" (Jo 6,12), para que toda habilidade humana se torne talento responsavelmente investido para o reino, sinal de um chamado específico, instrumento de serviço. Depois, contudo, sobretudo para uma multidão movida por desejos ambíguos, dirige um discurso difícil, duro de entender: propõe a "torção do desejo",[10] pede envolvimento pessoal diante da salvação, pede que se tome posição a respeito de sua pessoa, correndo o risco de ser abandonado e estragar tudo. De fato, o próprio Jesus corre esse risco com os seus discípulos, mostrando uma atitude rara de um animador vocacional à moda antiga: "Vocês também querem ir embora?", e isso porque quer a decisão pessoal e responsável sobre sua pessoa.

A pedagogia da responsabilidade vocacional

Se esses dois trechos são tipicamente vocacionais (como na realidade o Evangelho todo é vocacional), então deles podemos tirar uma autêntica pedagogia da vocação, com as suas indicações metodológicas.

---

[10] A expressão é de GODIN, A. *Psicologia delle esperienze religiose; il desiderio e la relata*. Brescia, 1983. p. 194.

Originalidade da salvação cristã

O ponto central que transparece nos dois episódios é o seguinte: a teologia da vocação é parte integrante da mensagem cristã como mensagem de salvação, de uma salvação como dom que vem do alto, e salva à medida que aquele que é redimido carrega sobre os ombros a salvação do irmão; somos salvos, de *per se*, somente quando nos encarregamos da salvação dum outro, não quando simplesmente desfrutamos do mérito e do dom alheio, embora de origem divina. No fundo, a salvação cristã é exatamente salvação do egoísmo, também daquele egoísmo aparentemente "neutro" e cômodo que não faz nada de mal (nem de bem); é muito mais salvação da tristeza diabólica da auto-referência, da presunção da auto-suficiência, também e sobretudo daquele egoísmo, auto-referência e auto-suficiência que se mascaram de aspirações aparentemente nobres (como o ideal da perfeição individual).

A salvação que Cristo nos trouxe é abertura a um dom que cria *liberdade*, e liberdade que no seu ápice torna-se *responsabilidade*. É fenômeno passivo-ativo, é dom recebido que tende logo, pela sua natureza, a se tornar um bem doado. No fundo, é a personalidade de Cristo, artífice da salvação, que se transmite à personalidade do cristão, continuando nele a sua obra de redenção. Não há ruptura entre os dois momentos, mas uma única experiência de salvação, como um ponto que não tem extensão, que se completa no instante em que o salvo identifica-se com o Salvador e realiza a salvação em seu nome, oferecendo sua vida, vivendo a sua história como história de salvação, recebida e doada.

Conseqüentemente, também a pedagogia vocacional é toda construída sobre esta lógica: a lógica do dom, do dom que, por assim dizer, se reproduz, isto é, que gera liberdade e responsabilidade, que torna a pessoa um adulto, adulto na fé, ou seja, capaz de se encarregar da salvação do outro, capaz de acolher o apelo que vem do Salvador; aquele apelo que Jesus, como vimos, antes de tudo, sente sair da multidão e que depois ele mesmo dirige aos discípulos, de várias maneiras, e no final lança novamente à mesma multidão. É essa a originalidade da salvação cristã. Ela é como um círculo virtuoso que leva da gratidão pela salvação recebida à gratuidade da salvação para doar, pois "a vida não é aventura solitária, mas diálogo, dom que se torna tarefa".[11]

---

[11]Assim afirmam as *Orientações* sobre as vocações, extraídas dos trabalhos da Assembléia geral da Conferência Episcopal Italiana de maio de 1999 (Cf. Muolo, M. La "chiamata" più forte delle distrazioni. *Avvenire* 3.1.2000, p. 22).

O cristão irresponsável
(ou infantilismo espiritual)

Esse é realmente o cristianismo que hoje pregamos e praticamos? Podemos ter alguma dúvida a respeito disso. O cristão de hoje não parece o irmão responsável pelo seu irmão. O pecado das origens, ou a afirmação com a qual Caim definitivamente matou Abel ("Acaso sou o guarda do meu irmão?"), parece estar presente na prática subscrita de muitos, até mesmo cristãos; continua a valer a irresponsabilidade do crente médio, isto é, o seu estado infantil no plano da maturidade do crente. As nossas comunidades paroquiais quase nunca conseguem testemunhar um clima de reciprocidade ou celebrar o sacramento da fraternidade como lugar e instrumento de salvação, que vem de Cristo, com certeza, mas que se completa quando o eu se abre ao tu e o carrega sobre os ombros. Até as comunidades religiosas ou presbiterais raramente conseguem manifestar uma comunhão entre os membros que leve à corresponsabilidade recíproca em ordem à salvação ou à santidade de viver e construir juntos. A comunhão dos santos parece pertencer a um outro mundo, ao *éscaton*, o último dia.

Mais particularmente, parece normal faltar na consciência do cristão de hoje duas atitudes ou convicções fundamentais: a tomada de consciência da "graça cara", da qual fala Dietrich Bonhoeffer, e a conseqüente atitude de *assumir responsabilidades* em relação à salvação do outro. Vejamos em ordem.

a) *A graça cara.* "A graça barata", afirma Bonhoeffer, com sua sabedoria característica,

> é o inimigo mortal da nossa Igreja. Hoje, nós lutamos pela graça cara. [...] Graça barata é anúncio do perdão sem arrependimento, é batismo sem disciplina de comunidade, é Santa Ceia sem confissão dos pecados, é absolvição sem confissão pessoal. Graça barata é graça sem seguimento de Cristo, graça sem cruz, graça sem o Cristo vivo, encarnado. Graça cara é o tesouro escondido no campo, por amor do qual o homem vai e vende tudo o que tem, com alegria; a pérola preciosa, para cuja aquisição o comerciante dá todos os seus bens; o senhorio de Cristo, pelo qual o homem arranca o olho que o escandaliza; o chamado de Jesus Cristo, que leva o discípulo a deixar as suas redes e segui-lo. Graça cara é o Evangelho, que se deve sempre procurar de novo; o dom que se deve sempre pedir de novo; a porta à qual sempre se deve bater de novo. É cara porque nos chama a seguir, é graça porque chama a seguir Jesus Cristo; é cara porque o homem a adquire com o preço da própria vida, é graça porque justamente dessa forma lhe doa a vida; é cara porque condena o pecado, é graça porque justifica o pecador. A graça é cara sobretudo porque custou muito a Deus; custou a

Deus a vida do próprio Filho [...]. É graça, sobretudo, porque Deus não considerou muito caro o seu Filho para resgatar a nossa vida, mas entregou-o por nós. Graça cara é a encarnação de Deus.[12]

Creio que a ninguém, hoje, passa despercebida a escassa percepção, da parte da massa dos fiéis, e a proposta tímida, da nossa parte, sobre o "preço" da graça nos termos descritos por Bonhoeffer. Creio que podemos acrescentar esta especificação posterior: graça barata é graça sem seqüela e vida sem vocação, ou salvação doada por Cristo a qual não criou nenhuma consciência de responsabilidade.

b) *Fuga da responsabilidade*. Quando não há uma valorização da "graça cara", não pode haver sequer a conseqüente decisão de assumir uma responsabilidade precisa em ordem à salvação. A graça recebida, especialmente se custou um certo preço, solicita o crente a ativar o mesmo mecanismo gratuito, a tornar-se ele mesmo graça. E não somente por um dever de gratidão, mas também porque o cristão é salvo justamente por isso e neste sentido: é salvo a fim de e à medida que se torna ele mesmo salvação. Com o preço que isso comporta.

---

[12] BONHOEFFER, D. *Seqüela*. Brescia, 1975. pp. 21-23.

Infelizmente, porém, não é o que acontece, hoje, nas nossas comunidades crentes. Também por causa de uma evidente influência cultural: como é verdade que hoje vivemos numa sociedade e numa cultura sem pai, assim também é verdadeiro que hoje estamos assistindo a uma verdadeira fuga da responsabilidade, que determina, por sua vez, a perda da liberdade e da dignidade humanas. Hoje, tudo concorre para criar álibis; o psicólogo afirma que tudo depende do passado mau, da mãe imatura e invasora ou do pai fraco ou autoritário; fartamonos de análises que nos dão segurança, que não consolam realmente ninguém; e, também na direção espiritual, somos tão condicionados pelo medo de não reabrir determinadas feridas que não sabemos, depois, estimular nenhuma atitude livre e criativa, nem levar o jovem a assumir uma atitude responsável diante dos seus limites mais ou menos ligados ao seu passado.

Estamos ainda transmitindo — sob esse ponto de vista — um cristianismo inócuo, de sala de visitas, feito de boas maneiras e de méritos pessoais, de indulgências privadas que devem ser colocadas rigorosamente na própria conta (enquanto toda a fundamentação das indulgências é construída sobre a verdade da comunhão dos santos), um misto de ostentação da bondade e de garantia tranqüilizadora, de economias auto-referenciais, de santidades ainda muito individuais, de retrocessos devocionais, de percursos muito finalizados e circunscritos ao eu..., ou um cristianismo ainda muito pouco relacional, no qual a relação é um acidente, e não ainda o lugar onde se realiza o drama, o drama da salvação; ou um cristianismo tão filho de uma determinada cultura do analgésico, que se tornou ele mesmo um analgésico.

Conseqüentemente, é um cristianismo para ser consumido, perfeitamente adequado à sociedade de consumo, onde cada um é um alegre usuário de um produto feito por outros: vai ao supermercado, compra-o e o consome, como um cliente qualquer, satisfeito ou bem pago; ou como o espectador de um drama interpretado por outros que já não o comove mais. Assim muitas vezes é interpretado e vivido o ser crente em Cristo: de forma passiva, infantil e anêmica, reivindicativa e pretensiosa, conforme as circunstâncias; desta forma o "consumidor de redenção" acaba por não valorizar mais o dom e não saber mais o seu preço, o caro preço da graça obtida, mas esquece que "ninguém é automaticamente arrastado até as portas do céu pelo atropelo geral", como lembra H. U. von Balthasar.

Hoje, reina um infantilismo espiritual que se espalha, com várias formas de fuga da responsabilidade em relação a Deus, aos outros e, em última análise, a si mesmo. Na realidade, existe uma pastoral dos sacramentos que acaba por ser reduzida à lógica do usa e joga fora (veja-se o caso do sacramento da confirmação, que parece transformar-se na festa do adeus). Quantas missas, orações, ritos e sacramentos multiplicados e simplesmente voltados ao indivíduo, sem que despertem alguma consciência missionária; quanta graça e palavra de Deus e bens espirituais seqüestrados por crentes particulares, individualistas impenitentes. E, sobretudo, quanta mentalidade que acredita que ser cristão significa observar, não cometer pecados e celebrar cultos para si mesmo. Quão poucos, no entanto, são capazes de espalhar a idéia de que aquele que foi salvo pela cruz de Cristo deve fazer-se *construtor de salvação* segundo um projeto de vida específico e responsabilizante. Quão pouco transmitimos que ser amados por Deus não é somente segurança consoladora, mas quer dizer ser assumidos por ele — não interessa se como operários ou dirigentes, se na primeira ou na última hora — para participar da obra da redenção ou ser habilitados por ele a amar à sua maneira, isto é, responsabilizando-se pela salvação de outros. Quão pouco, portanto, conseguimos criar cultura vocacional, desde os primeiros tempos da iniciação cristã, ou quanto somos envolvidos por uma cultura vocacional ainda muito dependente de uma antropologia redutiva e pouco relacional!

Vocação como auto-realização?

Há uma conseqüência precisa desse modo menos responsável de conceber a salvação cristã sobre a idéia de vocação. Se, de fato, o cristianismo é entendido sempre mais, na prática, de modo subjetivo e como resposta às necessidades e economias subjetivas, é inevitável que a vocação, por sua vez, seja interpretada, sobretudo, com a categoria da *auto-realização*. E seja vista à luz de critérios muito subjetivos. Ou, ainda, como realização dos próprios dotes e qualidades, discernidos à luz das próprias avaliações e inclinações, com o objetivo de chegar a uma situação de satisfação e bem-estar consigo mesmo (o "sentir-se realizado"), e colocando fatalmente em segundo lugar a relação e a idéia da vocação como realização de um projeto que vem de um Outro e realiza-me à medida que me abro ao outro (da autotranscendência à relação).

É sabido, como nos dizem recentes pesquisas sociológicas, que é exatamente essa idéia de auto-realização a chave normal de interpretação com a qual os jovens entendem hoje o acontecimento da vocação;[13] e isto é sinal bastante evidente

---

[13] É o que afirma o sociólogo Castegnaro concluindo acerca da coleta de dados feita por ele mesmo entre os jovens interessados num caminho vocacional do Nordeste da Itália (cf. DALL'OSTO, A. Il divario generazionale. *Testimoni* 21 [1999], p. 24).

do clima não responsabilizante da cultura atual, clima que, obviamente, todos respiramos.

É preciso opor-se a essa tendência involutiva, antitranscendente e anti-relacional, que fecha o homem em si mesmo; é preciso voltar a anunciar um cristianismo redentor e adulto, especialmente em países como a Itália, onde um certo tipo de relacionamento entre Igreja hierárquica (clero) e fiéis produziu, primeiro, uma fuga inevitável da responsabilidade de muitos fiéis, que delegaram de muito boa vontade deveres que dizem respeito ao cristão comum a figuras institucionais, e depois, uma fuga do cristianismo como tal, visto, de fato, como a religião das crianças e das velhinhas (como se costuma dizer, com todo o respeito que essas categorias de pessoas merecem).

O início do novo milênio não poderia ser ocasião de inversão de tendência, de saída da involução? O cristianismo do futuro ou será de adultos abertos à relação e, portanto, responsáveis, cada um com o seu dever intransferível, ou não será.

Etapas da responsabilidade vocacional

Responsabilidade é, realmente, a palavra-chave. Etimologicamente, quer dizer "capacidade de resposta" que, num plano meramente humano, ativa "o cuidado por um outro ser, reconhecido como dever, e capaz de se transformar em preocupação no caso em que seja ameaçada a vulnerabilidade daquele ser. É um medo fechado na pergunta de base da qual brota toda responsabilidade ativa: o que vai acontecer àquele ser se eu não cuidar dele?".[14] Arturo Paoli comenta: "Quando a aurora nos traz essa pergunta, começamos o nosso dia próximos de Deus".[15] No plano da fé, responsabilidade significa "atitude e vocação para estar diante de Deus que interpela no íntimo: não como "súditos" — passivos e medrosos ou, então, suspeitos e rebeldes, sem que haja grande diferença quanto às disposições interiores —, puros receptores e fruidores do seu dom que coincide com o conjunto do seu "ser por nós"; mas como companheiros, chamados a cooperar com Deus na criação e na redenção, na humanização do mundo".[16]

---

[14] Jonas, H., *Il principio di responsabilità*, citado por Ravasi, G. Responsabilità. *Avvenire* (22.12.1999), p. 1.

[15] Idem, ibidem.

[16] Sebastiani, L. Infantilismo spirituale. *Rocca* 24 (1999), p. 44. Segundo uma outra definição, a responsabilidade é "aquele ato existencial particular que estabelece um relacionamento e que somente tem sentido quando se mantém esse relacionamento. O tempo da responsabilidade não é o instante pontual, mas o estabelecimento de uma tensão do presente em direção ao futuro, é duração" (Baccarini, E. *La persona e i suoi volti*. Roma, 1996, citado por Raciti, P. Respónsabilità e cittadinanza. *Ore undici* 10 (1999), pp. 7, 10.

Fazer animação vocacional significa hoje evocar esse sentido de responsabilidade, ativar a capacidade de resposta em relação a Deus, ao Deus que chama, que criou não autômatos e robôs, mas sim seres livres, livres para assumir as próprias responsabilidades diante da obra da salvação e diante dos irmãos que devem ser salvos.

Como ativar essa responsabilidade?

Creio que poderemos retomar o próprio "evangelho da vocação", isto é, a atitude, antes apenas vislumbrada, que Jesus, o verdadeiro animador vocacional (semeador, educador, formador e companheiro, nos termos de NVNE), teve com as multidões. Proponho, portanto, os momentos, brevemente expostos antes, como pontos de inspiração pedagógica vocacional em função da evocação da responsabilidade.

"Rebanho sem pastor"
(= "Homem sem vocação")

Jesus, antes de tudo, sente compaixão por quem parece "desfalecido e cansado". Acredito que o animador vocacional deva ser, antes de tudo, pessoa capaz de grandes sentimentos, capaz de empatia, de sofrer com. É impossível evocar responsabilidade nos outros se não com base em um coração grande, capaz de hospedar o outro com o seu desfalecimento e de cuidar dele.

Acredito que a situação atual não seja muito diferente da do tempo de Jesus: as ovelhas sem pastor, as multidões desfalecidas e cansadas, o rebanho disperso e errante são o homem de hoje "sem vocação",[17] ou, ainda, o que provoca cansaço e desfalecimento e que de fato é desorientador é exatamente o não sentir-se chamados por um Outro, porque, se ninguém me chama, não valho nada para ninguém, ninguém me ama. Vocação é, originalmente, expressão *daquele Deus que, quando ama e porque ama, chama.* A ausência de um projeto significa também um vazio de amor. Conseqüentemente, o homem sem vocação é também o homem sem responsabilidade; privado do seu direito-dever de sentir-se responsável; não reconhecido como capaz de responder, receber e restituir amor; privado da sua capacidade de resposta diante de quem o chama porque o ama.

O animador vocacional autêntico é capaz de sentir compaixão por isso, não somente no sentido

---

[17] NVNE, 11c.

de saber ter sentimentos piedosos, mas também porque sabe fazer-se mediação de uma voz amorosa, daquela voz amorosa que é Deus, sabe expressar interesse e atenção para cada um; e, justamente por isso, pode esperar evocar responsabilidade, dar novamente voz ao outro; não é o comerciante que expõe os seus produtos e procura convencer e extorquir alguma aceitação. A compaixão é sentimento delicado e forte ao mesmo tempo

"Pedi ao Senhor da messe"

Jesus pede imediatamente que *se dirija o olhar para o Pai, o dono da messe, o primeiro responsável*, aquele a quem o problema é confiado. Trata-se não apenas de rezar pelas vocações, coisa que normalmente já fazemos, mas também de compreender que o primeiro mandamento, a primeira missão, na ótica missionária de Lucas, no momento do envio dos discípulos, é exatamente a oração, para recordar e confessar que a vocação é do alto, de Deus por Cristo, no poder do Espírito Santo: Deus é o sujeito que plasma os chamados, e somente ele os pode revelar e sustentar:

> Não é o sujeito individual que escolhe, não é também somente a Igreja quem chama (isto é, a resposta às necessidades da Igreja) e não são nem

mesmo as necessidades do mundo (ou da instituição) que despertam vocações, ou que deveriam sugerir as orações pelas vocações. Enfim, Deus é o princípio do chamado e é o seu fim (o *télos*), mas esses dois pólos podem estar juntos somente rezando.[18]

A vocação não pode ser reduzida ao cumprimento de uma função, a um serviço. É, antes de tudo, um modo de ser geral da criatura, ou melhor, é *aquele* modo de ser que o Criador pensou para a criatura, e que, portanto, somente o Pai pode revelar. Por isso, rezemos pelas vocações, para que o Pai revele o seu projeto, porque somente uma comunidade orante pode descobrir o dom preparado por Deus e porque somente a oração habilita o crente a reconhecer o seu dom.

Não sei quanto a tão recomendada oração pelas vocações expressa essa *macrothymía*, essa amplitude de vistas, esse sentido de responsabilidade e universalidade que une a atenção ao indivíduo às perspectivas do Reino, e não se limita às necessidades e às conjunturas contingentes, talvez acabando por expressar sobretudo o medo e o afã

---

[18] BIANCHI, E. *Che senso ha pregare per le vocazioni?* Magnano (Biella), 1992. p. 7.

de quem vê as coisas somente de acordo com sua hortazinha (e não aprendeu a olhar para o alto e contar as estrelas). Há toda uma pastoral vocacional filha do medo e concebida segundo lógicas medrosas que deveremos estar atentos para não levar conosco no novo século.

A segunda observação é um pouco o outro lado da medalha do que vimos até agora: a oração é um *fenômeno responsabilizante* pela sua natureza, cria responsabilidade porque põe em sintonia com o amor do Pai, o qual quer todos salvos; diversamente não é verdadeira oração cristã; assim, em particular, a oração pelas vocações torna-se gesto responsável quando não se torna delegação e desencargo de toda responsabilidade sobre o Pai eterno. A oração autêntica aumenta o próprio sentido de responsabilidade, faz sentir ainda mais a exigência de envolver-se naquilo que nos coloca nas mãos do Pai. Diversamente, é alienação e fuga, é compensação e falsa tranqüilidade, pode ser até tentativa de manipulação do divino. Talvez possa parecer excessivo, mas poder-se-ia dizer que nem todos podem rezar pelas vocações, mas somente quem vive fielmente e com sentido de responsabilidade a sua vocação e preocupa-se com a vocação do outro.[19]

---

[19] Cf. NVNE, 27a; 35d.

A *pro-vocação*

Já vimos, comentando sobretudo a passagem da multiplicação dos pães, como Jesus envolve e responsabiliza não só os doze, mas também aqueles da multidão que podem dar uma contribuição, por mínima que seja. Disso brota uma série de provocações.

a) *O respeito.* Antes de tudo, na passagem citada, Jesus dá aos discípulos vários poderes, que podemos entender como ministérios, como responsabilidades ministeriais. É o caso de perguntarmonos o quanto a nossa pastoral é concebida e de fato articulada e administrada como pastoral realmente vocacional-ministerial, isto é, que chama, chama pelo nome e para uma vocação absolutamente pessoal, confia um encargo para a comunidade, com aquilo que isso significa no plano da confiança, do reconhecimento de uma dignidade intrínseca ao ser que crê e de habilidades particulares dos indivíduos, também no plano do poder que deve ser partilhado, por que não? A imagem do padre factótum ou do religioso que se apropriou unicamente da vocação à santidade é uma herança que deixamos de muito boa mente no século XX, lastro que estorva e fardo não só inútil, mas até perigoso.

Uma pastoral autêntica é profundamente respeitadora da originalidade de cada crente, não pode ser de massa, mas deve necessariamente levar à identificação do modo pessoal pelo qual cada um é chamado a responder a Deus. Aqui, não há ministérios grandes e pequenos, porque todo modo de servir à comunidade é também um modo de preparar e apressar a vinda do Reino: por isso, Jesus procura o jovem que tem "somente" dois pães e cinco peixes, valoriza a contribuição de cada um, também de quem deve "somente" fornecer a comida, recolher as sobras "para que nada se perca", para que os dons de cada indivíduo sirvam para edificar a comunidade, para que cada fragmento de humanidade responda positivamente ao chamado.

b) *A desproporção*. Para atingir esse objetivo, a pastoral deve ser justamente provocadora. Ou seja, não pode estar nivelada ao simples reconhecimento das competências de cada um. As nossas comunidades não são grupos terapêuticos preocupados em tranqüilizar cada um em sua dignidade e positividade e onde cada um pode encontrar o seu nicho muito cômodo; não temos nada em comum com a lógica ingênua e enganadora dos grupos *Dianetics* ou de certos grupinhos do arquipélago New Age, onde todos alegremente procuram o seu bem-estar e realização pessoal, rigorosamente dimensionada à medida do próprio corpo (e dos seus próprios medos), e nada mais. Porque a vocação vem do alto e nunca está dimensionada aos dotes da pessoa, mas vai sempre além, supera-os, pede o impossível, não é imediatamente tranqüilizadora e animadora, não propõe coisas fáceis e de execução rápida, não pressupõe testes de aptidão, é sempre proporcional às forças do indivíduo.

Mais ainda, reforçamos aqui o que mencionamos antes: a vocação entendida cristãmente não é sempre destinada, como seu objetivo último, à auto-realização da pessoa. Seria muito pouco. Não que a realização de si seja um mal, mas é possível somente como *conseqüência não intencional de uma intencionalidade vocacional relacional e auto-transcendente*, isto é, que supera os limites do indivíduo, projetando-o para o outro, para a realização de alguma coisa que supera o sujeito e que ele não teria nunca a coragem de escolher como ponto de chegada ideal do seu caminho, e que implica sempre o dom de si e da própria vida para os demais.

É a lição que nos vem de Jesus e que desafia literalmente, não por diversão, os doze quando os intima: "Vós mesmos dai-lhes de comer". Eis as "medidas" da vocação cristã: cinco pães e dois peixes para alimentar cinco mil homens, e sobrar doze cestos cheios; ou, então, a colheita é grande e os trabalhadores são poucos, sempre poucos (cf. Mt 9,37); ou ainda, "eu vos envio como ovelhas para o meio de lobos" (Mt 10,16), "pequeno rebanho e grande missão".[20] Há sempre uma insuperável desproporção "para que fique mais claro que a vocação é iniciativa de Deus".[21]

Uma pastoral vocacional entendida como simples leitura do próprio íntimo e atuação dos próprios talentos é outra das heranças intrigantes e equívocas do século XX que com muito gosto deixamos entrar no século XXI.

c) *O drama*. O discurso vocacional, conseqüentemente, é, por sua natureza, discurso dramático, não somente porque não é fácil e não nasce do acordo espontâneo entre sentimento humano e vontade divina, entre dotes naturais e projeto transcendente, mas também porque põe o homem diante de uma decisão que ele não pode delegar a nenhum outro e que diz respeito não a um segmento de vida ou uma parte de si, mas a toda a existência, de alguma forma subtraída aos cálculos e às previsões da lógica puramente humana ou às atrações e aos gostos das tendências do momento, mas lida e interpretada segundo a lógica de Deus, em vista dum projeto de salvação. "Deus, de fato, amou tanto o mundo que lhe deu o seu filho primo-

---

[20] Idem, ibidem, 13d.

[21] Idem, ibidem.

gênito" É esse o sentido do discurso sobre o pão de vida que Jesus propõe a uma multidão que, no entanto, o estava seguindo simplesmente porque tinha sido saciada por ele e queria, por isso, fazê-lo rei. Jesus quer fazer sair do equívoco e joga ali uma palavra dura e difícil de entender, que propõe novamente na sua crueza o drama da redenção ("eu sou o pão vivo [...]; se não comerdes a carne do Filho do Homem e não beberdes o seu sangue" — (Jo 6,51.53), e pede a todos uma decisão pessoal, uma posição responsável. Pede que entrem no drama, não sejam somente espectadores, fruidores, consumidores de redenção.

Creio que aqui esteja uma indicação pedagógica de capital importância. Estamos todos contaminados por uma certa cultura do analgésico e, por isso, tudo hoje deve ser administrado em proporções mínimas e a um custo baixo, de maneira a não se tornar muito amargo e difícil de digerir, que pareça atraente e logo realizável, que não choque muito as várias sensibilidades, que não incuta temores. Assim acontece na educação, tanto na família como na escola, até nas nossas casas de formação. O resultado é a perda do sentido do drama no modo de apresentar a nossa fé, da pregação à liturgia, da catequese à formação mais em geral. Trata-se não simplesmente, entendamos bem, de um problema de comunicação estética, mas também, e sobretudo, de um desfalecimento progressivo do sentido da graça cara, como acenávamos anteriormente, do qual depois deriva o sentido dramático de uma decisão pessoal inevitável diante das palavras duras e da proposta difícil de Jesus.

> A nossa pastoral deverá [...] ser uma pastoral mais provocadora do que consoladora; e capaz, em todo caso, de transmitir o sentido dramático da vida do homem, chamado a fazer alguma coisa que ninguém poderá fazer no seu lugar [...]. Ou a pastoral cristã conduz a esse confronto com Deus, com tudo o que isto implica em termos de tensão, de luta, às vezes de fuga ou de recusa, mas também de paz e alegria ligadas à acolhida do dom, ou não merece esse nome.[22]

Pelo contrário, à força de aplacar e adoçar as dificuldades, acabará por adocicar e desnaturar a realidade cristã, para fazê-la perder justamente a sua beleza original e a sua capacidade de atração.

Não se está, com isso, invocando o retorno de certa radicalidade do passado (embora ela tenha formado gerações de cristãos depressivos e deprimentes, ou rígidos e indispostos), mas quer-se simples-

---

[22] Idem, ibidem, 26b.

mente dizer que o nivelamento por baixo, além de ser uma operação dúbia no plano ético, é operação normalmente decadente no plano estético e contraproducente no plano da atração. E, no entanto, é o risco que estamos correndo com um certo modo de apresentar o nosso "credo"; e é o risco também de certa pastoral vocacional ingênua que se ressentiu desse clima açucarado, usando argumentações da publicidade de agência turística ("Venha conosco, você vai girar o mundo") ou pretendendo esconder uma certa realidade ("quem escolhe Cristo escolhe tudo e não renuncia a nada!"), ou acabando por restringir o projeto de toda uma vida doada ao Senhor a projetos limitados no tempo, semelhantes a um contrato cheio de garantias que alguém chama de "voluntariado", e que pouco ou nada mudam na vida de quem, dessa forma, mais se empresta do que se doa. Uma pregação, uma catequese, uma animação de grupo, um encontro, uma celebração eucarística ou penitencial etc. deveriam sempre concluir-se como se concluiu o discurso de Pedro no dia de Pentecostes, quando todos "ficaram com o coração compungido e perguntaram a Pedro e aos outros apóstolos: 'Irmãos, que devemos fazer?'"; se não provocar essa pergunta, não é pastoral cristã, mas sim entretenimento vazio e inútil.[23]

---

[23] Idem, ibidem, 26s.

E de uma pastoral vocacional semelhante a uma hipótese inócua de trabalho não sabemos o que fazer e a deixamos de muito bom gosto no museu dos objetos e utensílios fora de uso da pré-história vocacional.

d) *O risco*. A provocação de Jesus é realmente total, ao ponto de correr também alguns riscos, o risco de que o povo que antes o queria rei agora o deixe por causa de seu discurso duro e misterioso, mas o risco de que também os seus discípulos o abandonem (cf. Jo 6,66). Jesus, pelo contrário, não volta atrás e até provoca os doze: "Vós também quereis ir embora?" (Jo 6,67). Dir-se-ia uma atitude perigosa e não inteligente para um animador vocacional; gostaria de dizer que Jesus não sabia interpretar bem esse papel. Quantos animadores vocacionais, no seu lugar, teriam começado a fazer distinções, a tranqüilizar, a redimensionar e a precisar, a prever descontos e exceções.

E, no entanto, a autêntica pro-vocação corre esse risco, é livre e libertadora, põe o indivíduo diante de alternativas precisas e, justamente porque não faz descontos, pede ao jovem que tome uma decisão transparente e de todo pessoal, sem sombra de pressão alguma, jogando totalmente a sua autonomia, quase desafiando a sua liberdade.

Um verdadeiro caminho vocacional é sempre também evocador de liberdade, ou a vocação cristãmente entendida é e-vocação, apelo à liberdade da pessoa para que escolha ser ela mesma, realizar-se de acordo com a sua verdade. É esse processo que Jesus quis ativar em Pedro, nos discípulos de sua época e em quem quer que o siga no decorrer da história.

Com essa pergunta que tem sabor de desafio, Jesus também quis verificar a qualidade do relacionamento com os seus. Sua provocação, de fato, mais que a deixá-lo, é para que os discípulos caminhem *por si mesmos*; sua provocação desafia-os a decidir a própria vida excluindo-o e abandonando-o, ele que é o Mestre, a verdade, o caminho e a vida, e acabando por afastar-se também da *própria* verdade, das *próprias* raízes. A resposta de Pedro deixa, no entanto, intuir que o relacionamento dos discípulos com Jesus ocupa um lugar central na vida deles, mostra que Jesus conseguiu fazer-se compreender pelos seus discípulos que somente nele encontrão a si mesmos, porque somente ele tem palavras de vida.

A pastoral vocacional deve conseguir formular esse tipo de provocação; não pode contentar-se com pedir ou esperar decisões sem antes compreender a centralidade que tem na vida a relação com Cristo como fonte de verdade, da verdade de cada pessoa chamada; tampouco pode pressupor que todos os que são chamados estejam em condições de captar a grandeza do que está em jogo e de estar livres para escolher: uma verdadeira animação vocacional procura sobretudo fazer emergir o relacionamento entre identidade e vocação, e levar o vocacionado a perceber a si mesmo, a sua verdade pessoal de ser, o seu eu ideal na proposta vocacional.

O problema de certas estratégias vocacionais é, por um lado, anular a proposta vocacional, antecipando excessivamente a pergunta decisiva ou formulando-a de modo redutivo; por outro, é o erro de não chegar nunca a uma conclusão, esperando indefinidamente uma decisão que nunca chega; e fazendo o jogo de certos jovens de hoje, incapazes ou com medo de decidir, ou que procrastinariam a decisão quem sabe até à escolha decisiva da vida; e, no entanto, participam de todos os encontros vocacionais para concluir que devem ainda pensar um pouco mais. Em ambos os casos, perdeu-se o nexo entre liberdade de escolha e capacidade de reconhecer a própria verdade no ideal vocacional: o nexo do qual deriva o sentido de responsabilidade na pessoa. Não há nenhuma saudade, portanto, dessa maneira pouco responsável de fazer pastoral vocacional.

PEDRO E AS REDES

Vamos concluir com um outra imagem vocacional, a de Pedro que, convidado por Jesus, depois de uma noite frustrada, decide obedecer ao seu Senhor jogando as redes (cf. Lc 5,5). Pedro já havia renunciado às suas redes de pescador; Jesus, porém, lhe havia dito que se tornaria pescador de homens. Nessa cena Pedro aparece em toda a sua dimensão de chamado que está aprendendo a confiar totalmente no Senhor, fazendo algo que no plano profissional devia parecer-lhe totalmente tolo.

Desse episódio deduzimos duas indicações pedagógicas.

Do medo à certeza

A primeira diz respeito à personalidade interior do animador vocacional e apela para a sua fé, ou melhor, para a sua esperança, tornada forte pela certeza de que é o Senhor que o envia a chamar (isto é, a semear, educar, acompanhar, formar, discernir); é com base em sua palavra que ele tem a coragem de embarcar nessa aventura; é dela que lhe vem a força de enfrentar as dificuldades; é com base nela que pode conceber uma estratégia adequada, inteligente e respeitosa, bem articulada e incisiva; é esta palavra que lhe dá a certeza, em particular, de fazer um trabalho indispensável, que valha a pena.

Um sinal do salto de qualidade que o documento do Congresso europeu sobre as vocações pede e indica para a pastoral das vocações é justamente este: se antigamente "a atividade vocacional nascia em grande parte do medo (da extinção ou de valer menos) e da pretensão de manter determinados níveis de presença ou de obras, agora o medo, que é sempre péssimo conselheiro, dá lugar à *esperança cristã*, que nasce da fé e é projetada para a novidade e o futuro de Deus", e ainda: "Se uma certa animação vocacional é, ou era, perenemente incerta e tímida, de tal modo que parecia quase em condição de inferioridade em relação a uma cultura antivocacional, hoje somente faz verdadeira promoção vocacional quem é animado pela *certeza* de que em cada pessoa, sem excluir ninguém, há um dom original de Deus que espera ser descoberto".[24]

---

[24] NVNE, 13c.

Preparando a bagagem para atravessar o século XXI, lembremo-nos de deixar para trás todo medo e incerteza que nos impediram por muito tempo de fazer um anúncio vocacional corajoso e universal, e levemos conosco, conservando bem apertada ao peito, aquela convicção luminosa e forte que nasce da fé, mais forte que todas as depressões noturnas nas quais parece não havermos pescado nada. O animador vocacional que lança suas redes com a fé de Pedro e a certeza conseqüente da qual falamos agora pode estar seguro de que não lhe bastarão as redes: os peixes serão como as estrelas que Abraão viu no céu na noite da promessa.

Do cálculo à entrega de si

A mesma atitude e a mesma certeza são provocadas-ativadas no jovem ou naquele que é acompanhado no caminho vocacional. O jovem de hoje, de modo todo particular, é expressão e sintoma de uma sociedade teoricamente supergarantida, que na realidade encheu nossa vida de necessidades (artificiais) e de medos (imaginários). O medo do futuro é um dos sinais mais emblemáticos dessa síndrome contraditória e que de alguma forma tem conseqüências pesadas sobre a animação vocacional. Eis por que esta última deve tornar-se sempre mais *educação para a fé*,[25] e as etapas do acompanhamento vocacional devem sempre mais identificar-se com as *etapas fundamentais do itinerário crente*.[26] Por isso o animador vocacional não é um simples orientador ou perito em problemas juvenis ou em testes de aptidão, mas é o verdadeiro *formador para a adesão crente*, um educador que ajuda especialmente quem está decidindo sobre a sua existência a não cometer o erro de se mover dentro de horizontes pequenos, de pensar no futuro em termos simplistas, de simples sistematização (econômica ou sentimental) ou de aproveitamento mesquinho das oportunidades mais convenientes, de fazer cálculos sobre a medida dos próprios dotes e projetos (e, enfim, das próprias incapacidades e medos); mas de pôr-se como crente diante do único que lhe pode dizer a verdade e revelar-lhe o lugar que deve ocupar na vida, lugar único-singular-irrepetível. Aquele educador da fé que é o animador vocacional forma, em última análise, à entrega de si, à liberdade de pôr a própria vida nas mãos de Um maior do que ele, na certeza de que fará dele algo grandioso, segundo a grandeza do seu coração e da sua vontade de salvação.

Também aqui, então, temos de fazer nossa escolha sobre o que levar conosco para o novo

---

[25] Idem, ibidem.

[26] Idem, ibidem, 28.

milênio: certamente não levaremos conosco aquela animação vocacional que existe em função dos buracos que devem ser tapados e dos vazios que devem ser preenchidos; aquela animação vocacional que vai ao exterior caçar vocações onde o mercado rende mais ou onde um certo tipo de solicitações ainda é ambigüamente sedutora. À parte a ambigüidade desse neocolonialismo vocacional e a contradição de fundo implícita nesses projetos de "fundações vocacionais", que visam aos próprios interesses, dizemos não, com o documento NVNE, a essas estratégias que são somente remendos novos em roupas velhas; porque, movendo-se ainda dentro de esquemas obsoletos (na prática a vocação é somente a religioso-sacerdotal e a animação vocacional é concebida de forma mercantil), não têm a coragem de enfrentar a raiz do problema ou de relacionar o problema da crise vocacional ao problema mais radical da crise de fé e de maturidade cristã no contexto cultural do mundo ocidental. É sobre isso que se deve intervir, e não necessariamente ir ao exterior, mas trabalhando sobretudo com novo entusiasmo nas nossas comunidades cristãs, na certeza de que "o Senhor continua a chamar em *toda a Igreja e em todo lugar*".[27]

---

[27] Idem, ibidem, 13c.

A nova evangelização no início do novo milênio não poderia ser a ocasião para acabar com esses sistemas já superados e contraproducentes? A cultura vocacional é o *coração palpitante* da nova evangelização nesses nossos países da cristandade antiga! Ou a idéia de vocação está no centro de um projeto cultural que queira ser cristão, como está procurando delinear, por exemplo, a Igreja italiana, ou não haverá nenhum projeto cultural cristão nem nova evangelização alguma.

Quando um crente chega a dizer: "Senhor, pela tua palavra lançarei as redes", ali se está realizando não somente a história de uma vocação, mas também um desígnio de salvação, que regularmente vai além de um acontecimento existencial pessoal e diz respeito a toda a comunidade dos crentes.

Nós não sabemos como será este século XXI, mas sabemos com certeza que Deus continuará a nos chamar e a sermos responsáveis diante do seu chamado.

Sumário

Premissa 5

Abrão e as estrelas 7

   "Eu me vou sem filhos" (Gn 15,2) 8

   "... Um dos teus descendentes..."
   (Gn 15,4) 10

   "Olha para o céu e conta as estrelas..."
   (Gn 15,5) 13

Jesus e as multidões 17

   O Evangelho da vocação
   como responsabilidade 17

   A pedagogia da responsabilidade
   vocacional 19

      Originalidade da salvação cristã 20

      O cristão irresponsável
      (ou infantilismo espiritual) 22

   Vocação como auto-realização? 28

Etapas da responsabilidade vocacional 29

"Rebanhos sem pastor"
(= "Homem sem vocação") 31

"Pedi ao Senhor da messe" 33

A pro-vocação 36

Pedro e as redes 47

Do medo à certeza 47

Do cálculo à entrega de si 49

Cadastre-se no site
www.paulinas.org.br

Para receber informações
sobre nossas novidades
na sua área de interesse:

- Adolescentes e Jovens • Bíblia • Biografias • Catequese
- Ciências da religião • Comunicação • Espiritualidade
- Educação • Ética • Família • História da Igreja e Liturgia
- Mariologia • Mensagens • Psicologia
- Recursos Pedagógicos • Sociologia e Teologia.

Telemarketing 0800 7010081

Impresso na gráfica da
Pia Sociedade Filhas de São Paulo
Via Raposo Tavares, km 19,145
05577-300 - São Paulo, SP - Brasil - 2017